Bendiciones

Para Todos

DOMINGO A. MONTES C.

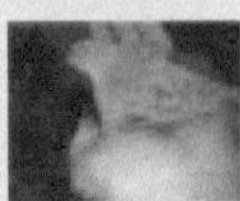

*Bendecir es hablar bien de algo
con intención de bien*
– Maestra anónima del silencio

1

Prefacio

Bendiciones infinitas para quienes lean estas páginas, las escuchen o entren en contacto con ellas.

Bendiciones infinitas a todos los demás.

Bendiciones para Todos, sin excepción alguna.

En estos ***tiempos de Gracia***, la variedad de las cosas de Dios es verdaderamente sorprendente.

Dedicatoria

¡Oh! Fuente inefable
manantial de indescriptible luz
manare incesante de la creación toda
***om**ni abarcante bendición*
a ti dedico este texto
hecho con tu papel, con tu tinta
con tu aliento, con tu tiempo
con tus dones y con tu sabiduría
carente de parangón
pues todos son por ti prestados
al dedicártelo, lo he hecho a todos
por medio de la incognoscible
red perfecta que a todos une.

A modo de agradecimiento

¿Cómo expresar gratitud por lo inconmensurable?, ¿cómo agradecer lo inefable?, ¿cómo agradecer lo imperceptible?

Ante una eterna bendición, el agradecimiento debe ser igualmente eterno. Cualquier otra alternativa, no es más que egoica mezquindad.

Escribir este texto, destinado a difundirse de formas imposibles de prever, es una expresión de agradecimiento a la luz por sus bendiciones y enseñanzas en estos tiempos de acentuada dualidad.

Agradezco en particular a la criatura de la portada, un pequeño azulejo, quien fue el primer receptor del sistema, y con él se abrió la puerta que jamás se cierra.

Gracias Padre/Madre **Om**nipresente, por permitirme servirte. Gracias por tus ***bendiciones para Todos***.

Que la gratitud anide en el corazón de **todos**; ***donde hay gratitud, no existe el mal***.

Bendiciones para Todos

No puede haber nombre más acertado para este sistema y actividad, pues no trata de otra cosa que de ***bendiciones***, y estas son ***para todos***, sin excepción alguna: criaturas y creaciones. Entrar en contacto con este material es, a su vez, una bendición, estamos inmersos en más bendiciones de las que, estaríamos dispuestos a admitir de entrada. Mediante las prácticas aquí indicadas, tus ojos y demás sentidos se abrirán a dimensiones espirituales insospechadas.

Los puntos **claves** a lo largo del texto están en **negrillas**.

Los puntos *estructurales* a lo largo del texto están en ***negrillas e itálicas simultáneamente***.

Debes saber que cada capítulo y sección de este libro está entretejido con todos los demás, formando un entramado de significados interconectados. Y el hecho de que se relacione, es a su vez una relación, una danza sagrada de interdependencias.

Como bendita anécdota, en un acto que desafía los partidarios de las casualidades, cada vez que daba el texto por concluido y me sumergía en su revisión editorial, emergía otra pequeña sección, como un susurro divino que completaba el entramado; al buen entendedor pocas palabras.

Recuerda: Existe una **Red** lumínica entre todas las creaciones y criaturas, un entramado invisible pero real y funcional.

Existe al menos otro método pero no es el que se revela en estas páginas, ni es mi misión concrecionarlo.

Habla con belleza.
Cada palabra tuya
es una bendición...
o una deuda
Sabiduría tolteca

Alguito de marco teórico

Bendición

La bendición se remonta al instante primordial de la creación, cuando la chispa divina insufló vida y propósito al vacío.

Y vio Dios que la luz era buena.

Génesis 1:4a

Y Dios los bendijo, diciendo: Fructificad y multiplicaos, y henchid las aguas en los mares, y multiplíquense las aves en la tierra.

Génesis 1:22

¿Qué se entiende por bendición?, la palabra lleva consigo la vibración del bienestar pronunciado, del reconocimiento de lo sagrado y divino en todo lo existente, viene del Latín *benedīcere*, y pasó al Castellano clásico como *bendeçir*, *bene:* **bien**, *dīcere:* **decir**. Otorgando poder benefactor a las palabras y cargándolas de intención positiva.

Decir bien.

Hablar bien.
Verbalizar el bien.
Desear el bien.
Querer el bien.
Anticipar el bien.
Profetizar el bien.

Y matizando:

Expresar el bien.
Manifestar el bien.
Dejar que el bien salga por nosotros.

De acuerdo al diccionario, tenemos:

Alabar.
Engrandecer.
Ensalzar.
Elogiar.
Resaltar.
Elegir.
Honrar.
Distinguir.
Marcar.

¡Bendita entre las mujeres Yael, entre las mujeres que habitan en tiendas, bendita sea!

Jueces 5:24

Y exclamando con gran voz, dijo: Bendita tú entre las mujeres y bendito el fruto de tu seno.

Lucas 1:42

Proteger del mal, de un peligro, ha sido uno de los significados esenciales atribuidos a la bendición a lo largo de la historia: durante la desbastadora peste bubónica que asoló Europa, durante este sombrío período el Papa Gregorio I, popularizó la expresión *Dios te bendiga*, esta fórmula, cargada de fe y esperanza, se convirtió en un escudo espiritual, una invocación destinada a alejar el contagio y a envolver a quien la recibía en una esfera de protección divina, ante la adversidad y las sombras.

Colmar de bienes a alguien, hacer que prospere, inundar la vida propia o de otro con prosperidad y abundancia.

Invocar el favor de la bendición divina, un llamado profundo para atraer la gracia y la protección celestial sobre una criatura o una creación.

Consagrar algo a la Divinidad, un objeto, un espacio, una acción, un proyecto, o una vida entera a lo sacro, marcándolos con el eterno propósito de la divinidad.

Purificar, limpiar y renovar, disolver las impurezas del alma y del entorno con el poder de lo Alto.

Misterio allende la comprensión humana promedio.

Hacer la señal de la cruz sobre algo o alguien, un gesto ancestral que sella con el símbolo universal de redención y resguardo, invocando fuerzas más allá de lo visible y comprensible.

Santificar, dotar de sacralidad lo que antes era profano.

Consagrar, otorgar un propósito divino y eterno a aquello que se bendice, fijando su esencia en la luz de Dios.

Celebrar a alguna cosa o persona con palabras, un homenaje verbal que eleva y engrandece.

Mandato y responsabilidad, la bendición no solo otorga, sino que compromete; quien la recibe es también guardián de aquello que se le ha otorgado.

Decreto inexorable del Cielo, un acto que se alinea con el orden divino, un mandato que trasciende abundantemente la voluntad terrenal y se inscribe en las leyes inmutables de lo eterno.

En sanscrito, la palabra es *śāpa*. Tradicionalmente, se refiere al uso de un *mantra* particular, resonando con vibraciones espirituales capaces de invocar bendiciones divinas o manifestar poderosas transformaciones.

En el sufí y el islam en general, se dice *baraka*. Este término describe un flujo de bendiciones, revelaciones y gracia, desde Dios mismo a las criaturas y creaciones que le son más cercanos, como un hombre santo o un profeta, irradiando de estos a otras creaciones o criaturas.

En latín es *benedictio*. En egipcio temprano es *hwt*. En celta-gaélico es *beannacht*.

El término hebreo es *barak/berajá*, que significa arrodillarse, significando la doblegación del ego ante la **Voluntad Divina,** este acto de humildad implica la rendición completa a un poder superior. También en hebreo el término *esher*, que se traduce también como felicidad. Cada bendición está intrínsecamente ligada a la dicha y el bienestar espiritual. Toda bendición va acompañada de felicidad. En arameo es *berakhah*.

Las palabras griegas son *eulogein, eulogia,* y *eulogeo*, se enfocan más en las buenas palabras, el acto de hablar bien, y también describe la bendición que proclamamos sobre nuestros alimentos, reconociendo la gracia que se derrama sobre lo que recibimos.

En idioma ugarítico es *brk,* en acádico-babilónico es *kerebtu.* Ambos relacionados con el acto de bendecir y reconocer la presencia divina <u>activa</u> en la vida diaria.

En idioma Mixe, es *oybë weenbë*. En Maya, es *k'i'ik'*, que también traduce vida y salud, pues están son bendiciones *per se*. En Náhuatl, es *tlazohcamati*. En Zapoteco, es *nisa*. En Mixteco, *ndu'uu*. En Otomí, *nëj*. En Rarámuri, *nukú*.

En Quechua, *sumaq*. En Guaraní, *mbopi*. En Aimara, se dice *sumaq*.

Todas estas acepciones son ciertas, pero en el uso diario, y a efectos de este sistema ***Bendiciones para Todos,*** esta palabra posee concepciones profundas y universales con ciertas variaciones de ángulo: La bendición es toda expresión del bien en nuestras vidas o las de otros, sin importar su tamaño o cualidad. Esto abarca tanto las pequeñas cosas cotidianas como los grandes momentos de gracia. Cada acto de bondad, cada rayo de luz que se manifiesta, es una bendición en su forma más pura y esencial, una manifestación del torrente divino que se derrama sobre nosotros.

Es una absolución de nuestras malas acciones pasadas. La bendición actúa como un acto de perdón, una liberación de las cargas acumuladas, una oportunidad de sanación, transformación y redención. Al recibirla, liberamos nuestras cargas y errores, permitiendo que la energía divina fluya y renueve nuestra esencia, sanando las cicatrices y horrores del pasado, en un ciclo de constante renovación, expansión y bienestar.

Bendice a Yahveh, alma mía, no olvides sus muchos beneficios. El, que todas tus culpas perdona, que cura todas tus dolencias.

Salmos 103:2-3

Es una autorización, un beneplácito, un visto bueno, una señal benigna, un permiso divino, un sello de aprobación que nos habilita para avanzar en nuestra vida espiritual y material. Es un reconocimiento del orden cósmico, una manifestación de aceptación y apoyo de arriba. Cuando una bendición se concede, el universo o lo divino nos da su visto bueno, alineando nuestras acciones con el flujo natural de la creación.

Este beneplácito no solo confirma que estamos en el camino correcto, sino que también nos provee de la energía necesaria para continuar hacia adelante con fuerza, determinación y la certeza de estar guiados por la luz y la gracia que nos rodean. La bendición es una fuerza real, activa y tangible que abre puertas, disuelve obstáculos, e incluso concede lo imposible.

Es un acto de intersección, en favor de quienes no pueden valerse por sí mismos, impedidos, obnubilados, prisioneros.

Es una despedida sin duelo, cuando otorgamos una bendición, liberamos algo desde el corazón con la certeza de que seguirá su curso hacia el bien mayor. No hay tristeza ni pérdida, solo gratitud por el flujo eterno de energía y amor que conecta todo lo existente. Una bendición enviada es un regalo eterno que sigue su camino sin el menor apego.

Es **transmitir,** bendecir es canalizar, es convertirnos en conductos de la energía divina para que esta fluya hacia donde sea necesario, compartiendo intenciones puras que transforman y elevan. Es un acto de dar sin esperar retorno, un flujo continuo que perpetúa la gracia en todas direcciones.

Es la culminación exitosa y por tanto un inicio, en ocasiones la bendición representa el cierre de un ciclo de aprendizaje, esfuerzo o transformación, marcando un punto de plenitud. Sin embargo, lejos de ser un final definitivo, es la señal de un nuevo comienzo, un renacimiento cargado de propósito y claridad. Al bendecir o recibir una bendición, nos encontramos en el umbral donde el pasado se consuma en gratitud y el futuro se abre como un vasto horizonte lleno de posibilidades divinas.

Y vio Dios que estaba bien.

Génesis

Es una responsabilidad recibida: *le damos la bienvenida a esta niña, una nueva bendición en la familia.*

Reconocer el bien existente, *es una bendición en nuestras vidas,* la conciencia de las maravillas que nos rodean y habitan en nosotros eleva nuestra vibración hacia la gratitud, transformando cada instante en un paso hacia nuestro creador.

Es agradecer, *Dios te bendiga por esta ayuda, Alabado sea el Señor, ¡Gloria a Dios!,* estas expresiones, cargadas de reverencia y devoción; son puertas abiertas hacia lo eterno, donde el alma dialoga desnuda con lo Divino.

La bendición es un regalo del Cosmos, es la caricia del Infinito sobre nuestra existencia finita, un flujo inagotable de luz que atraviesa todas las dimensiones.

Por medio de la bendición se **intensifica y multiplica** el bien ya existente, y lo que no es bien, en este se transforma. Es la alquimia cósmica, transmutando la sombra en luz, el caos en orden, y el dolor en júbilo. Es el eco del Creador resonando a través de nuestras acciones y palabras, sanando incluso lo que parecía perdido.

Toda esta descripción teórica, no es más que un ínfimo preámbulo, lo esencial de las cosas de Dios no puede encerrarse en conceptos; como un río subterráneo, fluye más allá de lo visible; la comprensión real de la bendición solo es posible recibiéndola y mucho, pero mucho más dándola. Es en el dar donde el alma se convierte en un canal divino, expandiéndose hasta abarcar la vastedad del Todo. Dar una bendición es tocar lo eterno y, a la vez, ser tocado por él, a veces de formas misteriosas.

Niveles de intensidad

La intensidad es dada por el nivel de **concentración y entrega** y la trayectoria de práctica espiritual de quien bendice, dado que en este sistema, las bendiciones pasan siempre, inicialmente, por dentro de uno.

Es el fuego interno de la intención pura lo que enciende su poder, y es la profundidad del alma que la emite lo que marca su alcance.

El flujo **creciente e ilimitado** pasa a través de nosotros, el ser se convierte en el primer recipiente del flujo divino, purificándose y elevándose en fracciones de segundo, antes de compartirlo con el mundo. Este tránsito interno no es solo un requisito, sino una bendición en sí misma, pues abre las puertas del corazón hacia lo ilimitado.

*Y poderoso es Dios para hacer que abunde en ustedes **toda gracia**, a fin de que, teniendo siempre en **todas las cosas todo lo suficiente**, abundéis para **toda buena obra**.*

Corintios 9:8

Como un río que jamás se seca, la bendición fluye desde lo insondable hacia lo manifiesto, expandiéndose más allá de todo límite. No pertenece al emisor, ni al receptor, sino al infinito que habita en ambos.

Es evidente que la intensidad no tiene tope alguno, solo nuestro libre albedrio ejecutado en el presente y las consecuencias de haberlo usado en el pasado. La bendición, como energía cósmica, fluye sin restricciones, es ilimitada, inagotable, todopoderosa, pero su cauce se amplía o se cierra de acuerdo con la intención y la pureza de quien la emite.

En todo sistema donde el sanador hace de canal, su uso continuo ensancha dicho canal, este principio universal es cierto también en ***Bendiciones para Todos***, pero con una intensidad mayor, y notoriamente en la parte transpersonal más arriba de la fontanela (Loto de Mil Pétalos), esto es debido a que la bendición transciende al arquetipo. La práctica constante de dar bendiciones fortalece el lazo con lo divino, llegando un momento crucial en el que se hace irreversible, alcanzando un nivel tan elevado que ya no se limita al arquetipo, sino que se convierte en un acto **divino y cósmico**, participando de una energía pura que sobrepasa toda forma de identificación personal.

En cuanto a la familia, son particularmente intensas las bendiciones de los padres, y de manera especial la madre, las bendiciones de los abuelos, los padrinos, los tíos poseen una gran carga emocional y espiritual, pues son transmisores de sabiduría ancestral y amor generacional. Recordar que Dios es el Padre/Madre de toda la creación. Estas bendiciones familiares son un eco directo de la energía cósmica que nos nutre y nos cobija.

Son intensas las bendiciones de una persona santa de cualquier religión o camino espiritual, pues estas bendiciones provienen de la **pureza del corazón** y de una vida entregada a la verdad.

Son intensas las bendiciones de un Maestro espiritual y de los Seres Divinos.

Son intensas las bendiciones de un devoto, de aquellos de corazón sincero, del inocente y de la gente de vida espiritual, que practican la humildad y el amor incondicional; y por supuesto del *hombre de bendición,* aquellas que emanan del alma que ha alcanzado una conexión profunda con lo divino, y que, al estar alineado con la voluntad celestial, irradia una energía espiritual que toca a todos los que entran en su radio de acción.

Son factores que influyen en la intensidad de la Bendición:

- La vida y logros espirituales de quien bendice.

- Su entrega y concentración.

- Su sinceridad y fe <u>inquebrantables</u>.
- La repetición <u>incansable</u> del acto de bendecir.
- El libre albedrio.
- Los lapsos de la Gracia Divina.
- La actividad grupal cohesionada.

Ninguna de tus limitaciones o imperfecciones es capaz de limitar el Divino Poder, con la única excepción de tu voluntad o **libre albedrio**, expresada por medio de una concentración y entrega sostenida, voluntad que, después de todo, deriva de la Divina Voluntad.

A medida que se persevera en esta actividad, los resultados se hacen más notorios e incluso espectaculares, los llamados milagros y los hechos inesperados suceden como cosa natural, más no por la voluntad, poder o deseo del sanador, sino por su gracia sin parangón.

Con la práctica **recurrente y sincera**, el aura se expande, pudiendo llegar, según el momentum a las magnitudes mencionadas en los textos esotéricos, las cuales certifico que son ciertas y literales.

Es un Manantial Vivo que solo se ve detenido o limitado por tu libre albedrio. Independientemente de su intensidad, la bendición es indetenible.

...no es posible detener las bendiciones y beneficios de cada Rayo y su Gran Señor, al igual que le es imposible al hombre parar las emanaciones del sol físico.

Rafael Zamora

El caudal es sorprendente y su tangible majestad y alcance, muy rara vez son logrados por cualquier otro método. Tal es la **Gracia Divina**.

El *momentum* se logra en breve, si la **concentración y entrega** son impecables.

Bendición para bendecir

No devolviendo mal por mal, ni maldición por maldición, sino por el contrario, bendiciendo, sabiendo que fueron llamados para que hereden bendición.

1ra Pedro 3:9

Dentro de las innumerables bendiciones posibles, ocupan una categoría especial, los dones y dotes, los *Shiddis* y los carismas, que pueden ser temporales o permanentes. Y aun dentro de estos, existe otra particularmente especial: la ***bendición para bendecir***, de la cual se ocupa este sistema con amplitud, en virtud de la **Gracia Divina**.

Es la acepción de la bendición como un permiso o autorización, *tienes mi bendición*, y como responsabilidad recibida, *la bendición de un embarazo*, la que cobra fuerza en este punto.

El ***poder multiplicador***, que se hará evidente cuando empieces a usarla.

Bendita eres entre todas las mujeres, así se reza a la virgen, y por extensión se denominan a las gestantes, pues es el poder o capacidad de multiplicar la raza humana, siendo ejercido.

Te bendeciré... Serás una bendición (para otros).

Génesis 12:2b, d

La bendición para bendecir, consiste en una *particular intensidad* para hacerlo y el poder, a su vez, de **transmitir** este don a otros, que estén llamados también a ser divinos instrumentos de esta actividad. Eso incluye otros seres vivos y objetos inanimados, aunque estos operan de manera distinta que un ser vivo. Criaturas y creaciones.

Bendeciré a los que te bendigan y maldeciré a los que te maldigan; ¡por medio de ti serán bendecidas todas las familias de la tierra!

Génesis 12:3

Este don puede ser recibido de quien lo posea o de Dios mismo, quien, después de todo, es de quien toda bendición procede.

Bendición sobre bendición

¡Ninguna bendición es sola!, en el capítulo *Mucho de vivencia* encontrarás los ejercicios correspondientes que te harán realizar por propia vivencia esta afirmación. Toda bendición es el punto inicial de un caudal inconmensurable. Por eso el título de este método es plural: ***Bendiciones para todos.***

Al contrario bendigan, ya que ustedes mismos fueron llamados a bendecir y a alcanzar por ese medio la bendición de Dios.

1ra Pedro 3:9b

Vemos claramente que al bendecir, somos bendecidos. Técnicamente, esto es así, ya que las bendiciones pasan por uno mismo en primer lugar, luego hacia lo bendecido y, sucesivamente, a través de la Red. Por lo tanto, una bendición implica otra.

La bendición solo procede de aquello que ha sido bendito previamente a su vez, tal es **La Ley**.

...bendita tú eres entre todas las mujeres, y bendito es el fruto de tu vientre, Jesús.

En este extracto del Ave María, vemos como primero es bendita la Madre y por tanto el hijo es bendito y viceversa.

Observa el cumplimiento de esta Ley en tu propia practica de bendición y en tu alrededor.

Una vez algo ha sido bendecido, puede seguir siéndolo, en nuestra tradición criolla, los hijos piden la bendición *a diario*. Las bendiciones son inagotables, de lo que se desprende que el ***hombre de bendición***, jamás deja de bendecir.

¿Qué bendecir?

En nuestro sistema, **todo** puede ser bendecido, no hay límites ni excepciones; sé que no es el caso de otros sistemas u otras concepciones, son otros tiempos evolutivos, son tiempos de **Gracia Divina**. Para algunos esto puede parecer sorprendente, pero solo debes practicar muchas veces para comprobarlo por ti mismo. **Todo** puede ser bendecido: seres vivos, objetos, difuntos, situaciones, incluso épocas o tiempos, proyectos, personas intangibles (jurídicas), elementos, conceptos abstractos, en fin todo lo creado por Dios o a su vez por sus criaturas.

¡También Dios puede ser bendecido!, al igual que sus Santos, Seres de Luz, ángeles etc.

Entonces, por segunda vez, se prosternaban para recibir la bendición del Altísimo. Y ahora bendigan al Dios del universo, que hace grandes cosas por doquier, que exalta nuestros días desde el seno materno, y obra con nosotros según misericordia.

Eclesiastés 50:21-22

Levantaos, bendigan a Jehová vuestro Dios desde la eternidad hasta la eternidad; y bendígase el nombre tuyo, glorioso y alto sobre toda bendición y alabanza.

Nehemías 9:5b

Repasa la sección *Bendición*, allí veras que la bendición es también reconocer y agradecer, de manera que al bendecir a Dios y sus Seres de Luz, estamos reconociendo su presencia y acción en nuestra vida, y por tanto, **incrementándola**.

¡Bendito sea Dios!

¡Gloria a Dios en las alturas y paz a los hombres de buena voluntad!

Quien bendice

Dios es quien bendice siempre. Lo que varía es la forma, modalidad y el grado de conciencia de su <u>instrumento</u>.

Tanto los seres humanos, los Seres de Luz e incluso objetos y elementos de la naturaleza, como los manantiales, pueden bendecir, si su Creador, en su infinita e indiscutible sabiduría, así lo decreta, haciéndolos sus instrumentos.

Tener siempre en cuenta que la bendición es un flujo que se origina en Dios y sigue una secuencia o recorrido que hemos llamado Red.

La bendición puede ser entonces directa e indirecta, automática o a voluntad.

Es "directa" cuando el mismo Ser Supremo bendice, en la figura del Santo Espíritu, e indirecta cuando lo hace a través de un Ser de Luz u otra de sus criaturas o creaciones.

Cualquiera entonces puede bendecir, no es el privilegio de algunos, ni depende de circunstancias externas, ya que Dios está presente en todas las circunstancias. Sin embargo, esto no significa que se haga de cualquier forma o manera.

No hay limitaciones sobre quien puede bendecir, pues es Dios quien lo hace a través de ellos, no es un atributo egoico.

El conocimiento que estás adquiriendo al leer este libro, es una bendición en sí mismo.

En otros sistemas, existen condiciones, prerrequisitos y limitaciones sobre quien puede bendecir, a quien bendice o a que bendice. No es nuestro caso en esta actividad. En esta actividad, tales restricciones se disuelven en la Gracia Divina que todo lo permea y abraza.

Cuando bendices lo bueno este se incrementa, cuando bendices lo malo, este se disminuye.

Sí has llegado a Bendiciones para todos, significa que cumples todo requisito previo, pues Dios, en su infinita sabiduría, te ha traído aquí. Por supuesto que hay obstáculos, numerosos y diversos, que serán abordados en el capítulo *Comunión en la bendición*.

Pedir la bendición

La bendición puede llegar sin ser llamada, manifestándose según la voluntad divina, pero también puede ser solicitada, tanto para uno mismo como para otros.

En nuestra cultura venezolana, es una costumbre pedir la bendición aun entre no religiosos. En ciertas regiones esta tradición se conoce como *besar la mano o echar la bendición*. Siendo la nuestra una tierra de apócopes, *ción* es también muy popular.

Existe una anécdota memorable de la primera visita del Papa Juan Pablo II a Venezuela en 1985. Algunos sobrinos del cardenal Rosalio Castillo Lara, mientras estaban en la sede de la Nunciatura Apostólica en Caracas, le pidieron la bendición a su tío con la expresión *ción*. El Papa indagó sobre ello, quedando gratamente impresionado con dicha costumbre. Tanto fue su agrado que la usaría como anécdota varias veces.

En cuanto a que un gesto o mirada, vale lo mismo que para darla, el pedirla. Es algo tan importante que, los niños lo hacen aun antes de aprender a hablar: juntando las manitos y en ciertas regiones, poniendo la mano derecha sobre el pecho, y también estirando la cabeza para que el bendecidor se la toque.

En general basta expresar el deseo de ser bendecido.

"Bendición"
   "La bendición Madrina"
   "Écheme la bendición tío"
   "Por favor, bendiga este niño"
   "Queremos que bendiga nuestra unión"
   "Me gustaría que bendijera el negocito"

Por supuesto que podemos pedirle a Dios o los seres de luz que nos bendigan, abriendo canales de gracia si la intensidad es la suficiente.

En **Bendiciones para Todos** se estila pedirla para otros, en silencio, sin palabras, solo por el espíritu. Para profundizar en este proceso, se puede consultar la sección **Como bendecir,** donde se detalla esta sublime práctica.

Cuando pedimos la bendición, nunca es solo para nosotros exclusivamente; siempre se propagará más allá, de la misma forma que si pidiéramos sol, lluvia o brisa, su alcance no se limita nunca solo al individuo, sino que abarca a todo lo que está conectado en la vasta Red de la creación. Este efecto es inherente al acto de bendecir, manifestando la interconexión que sostiene al universo. Ver las secciones *Interdependencia y unidad* y *Ruta de influencia*.

Interdependencia y unidad

Siendo toda la creación producto de un único Creador, es evidente que todos los seres vivos, absolutamente todos somos sus **criaturas**, siendo Dios nuestro factor común. Y las cosas inanimadas junto con las fuerzas naturales son sus **creaciones**.

Aunque nos experimentemos como individuos, en Él somos unidad, y formamos parte de un continuum; somos partes de un todo, y si alguna parte está mal, no podemos decir que el todo ¡este bien del todo! es como que tengamos un pie roto, y pretender que estamos bien. Nuestra existencia colectiva depende de que cada parte esté en sintonía con el todo.

Los hijos de Adán son,
miembros de un organismo.
Que de un elemento mismo
se hicieron en la Creación;
Y si uno de ellos de un mal padece
los otros no estarán serenos
si no te duele el dolor ajeno
que te llamen persona no mereces.

Sa'di

Ruta de influencia

Existen muchas y variadas formas de esta interconexión en el universo. Por ejemplo cuando lanzamos una piedra a un lago, la onda generada se propaga en forma de círculos, igual ocurre si gritamos a campo abierto.

La bendición sigue una ruta que varía en cada caso, llegando a ser compleja y diversificada, pero no debemos ocuparnos de estas rutas en la Red, ya que la Divina Sabiduría se encarga de eso. Sin embargo, con el fin de educarnos en el conocimiento de las Cosas Divinas, las rutas nos serán mostradas en espíritu hasta cierto nivel de propagación o nodo.

En cada una de estas rutas dentro de la Red, la intensidad puede variar, como de hecho ocurre. La ruta puede parecer irregular y laberíntica, pero en realidad es perfecta, al pedir por ciertas situaciones, enfermedades particulares, grupos humanos, etc.

El fluir de energía bendita, no se detiene en las criaturas o creaciones a las cuales lo estamos dirigiendo, de la misma forma que un grueso chorro de agua, no se detendrá en el objeto al cual lo dirijamos.

En el caso que la persona no quiera recibir la bendición, no la recibirá, sin embargo esta fluirá ilimitadamente hacia quien la necesite, a través de una enmarañada pero definida Red que es sentida por quien la transmite.

Nada supera la vivencia personal y la guía divina, sin embargo daremos algunos ejemplos ya estudiados por el hombre.

Efecto bola de nieve: Una pequeña bola de nieve, al ser lanzada cuesta abajo, mientras rueda, recoge más nieve, aumentando su tamaño, con lo que en cada vuelta puede acumular más nieve y seguir creciendo. Aparte de eso, cobra cada vez más impulso mientras va cuesta abajo.

Efecto bola de billar: Una sola bola, puede movilizar al resto, con un solo golpe.

Efecto mariposa: Una pequeña acción, con el tiempo termina por ejercer una gran diferencia futura.

Efecto Domino: Un impulso inicial puede continuar por tiempo indefinido en ciertas condiciones.

Todas estas leyes, junto con varias otras que la Divinidad te revelará, en el momento en que necesites conocerlas, según tu Plan Divino particular, las veras manifestadas en tu práctica de la bendición.

Lo más importante, como parte de esta ruta, es **ser un Nodo y no un Nudo.**

El funcionamiento de la energía divina en forma de *Bendiciones para Todos*, nos muestra cómo opera el ser divino.

El cielo, la Tierra y el Hombre

El cielo está arriba, la tierra abajo y el hombre en el medio de ellas. En particular, el hombre santo, el chamán, el hombre de oración y, a nuestros efectos, el *hombre de bendición* es el intermediario entre ambos: el puente que conecta uno y otro, el canal que los comunica, en otras palabras, <u>su</u> instrumento en la Tierra.

Vertical y horizontal

El Cielo y la Tierra se extienden horizontalmente, mientras que el hombre lo hace verticalmente. Esto es algo para ser reflexionado con seriedad.

La lluvia, las cascadas y los manantiales surgen verticalmente para luego exteriorizarse horizontalmente. De igual forma las bendiciones descienden sobre el ***hombre de bendición*** verticalmente, y a través de él se vuelven horizontales, siendo horizontales sobrepasan el horizonte, al fluir continuamente por la Red.

El sistema de chacras y canales mayores

El ser humano posee centros energéticos de entrada y salida del fluido universal, estos centros pueden ser tanto verticales como horizontales, hay muchos de ellos, a nuestros fines, solo basta saber que a lo largo de la columna vertebral están los centros horizontales, y en los extremos de ella los verticales. Estos son llamados chacras principales. Además en las palmas de las manos y puntas de cada dedo, también hay chacras llamados secundarios. Estos chacras se conectan entre sí por una serie de canales, llamados mayores, existiendo una intrincada y abundante red de canales (nadis) menores, la cual no nos ocupa para esta actividad.

La bendición del Padre desciende desde más arriba de nuestras cabezas por estas estructuras energéticas, hasta que finalmente nos toca en cuerpo en la coronilla/fontanela, llamada Loto de Mil Pétalos. Desde allí, la energía desciende, cambiando de ángulo en cada chacra, tornándose horizontal hasta finalmente salir por las manos.

Llegado un cierto momento en la evolución del ***hombre de bendición***, ocurrirá que al mismo tiempo la bendición de la Madre (Tierra) comenzará a ascender verticalmente, siguiendo similar proceso a la energía descendente del Padre, esto generará una **sinergia dupla**, creando un flujo combinado sinérgico que potencia la bendición aún más. Ver la sección ***Momentum de Gloria***.

Bendiciones del cielo arriba, bendiciones del abismo abajo, bendiciones del seno y de la matriz.

Génesis 49:25

Cualquier situación referente a los chacras, como roturas, bloqueos, lentitud, etc. será eventualmente subsanada por la bendición misma, para de esa manera aumentar su libre caudal e intensidad inagotables.

Momentum de Gloria

El proceso es, en sí mismo, una comunión con Dios, y por tanto, la vivencia de su Gloria.

Existen 4 ***momentum*** de Gloria que se pueden lograr durante la práctica de la bendición. Estos son siempre invariablemente secuenciales. Un momentum requiere del precedente.

Los momentum son:

Lluvia de Bendiciones.
Manantial de Bendiciones.

Sinergia Dupla.
Bendita Bendición.

El nivel de esta actividad, si se le puede dar tal apelativo, es el mismo del *Yoga sin Rodeos,* pudiendo quien lo practique ver a Dios cara a cara en esta misma vida.

Si habíamos logrado destellos de luz en otras evoluciones, aquí estas se volverán eventualmente antorchas permanentes.

Si tu Misión de Vida, ahora incrementada, requiere siddhis, facultades, dones o dotes, estos serán concedidos, como lo han sido a los Santos y Místicos de todas las latitudes y épocas. Dones y Dotes en pro de la humanidad sufriente brotaran por doquier, como en un amplio y variado jardín. Las Ideas Divinas serán cosa de tu naturalidad diaria.

Al vivir los momentum de gloria, pueden apreciarse entre muchas otras, estas Leyes:

Ley de aceleración.
Ley del mínimo esfuerzo.

Los nombres de estos momentum se relacionan con el agua, pues esta es la bendición primordial, por esta se gesta y sostiene toda vida en la Creación. En el Génesis, la organización **Dupla** de las aguas precede a la de la vida vegetal.

Les enviaré lluvias de bendición en el tiempo oportuno.

Ezequiel 34:26b

Entre un momentum y el siguiente, la distancia es de aproximadamente como se indica:

Un número **indeterminado** de ejecuciones de la técnica central, desde unas pocas veces hasta muchas, a partir del primero hasta lograr el segundo momentum, 1.000 entre el segundo y tercero, y de nuevo indeterminado para el cuarto, este último está supeditado a la **Voluntad Divina**.

Para la mayoría bastará hasta el segundo momentum, siendo los restantes para quien sea llamado a comprometerse a fondo con *Bendiciones para Todos.*

La trasformación

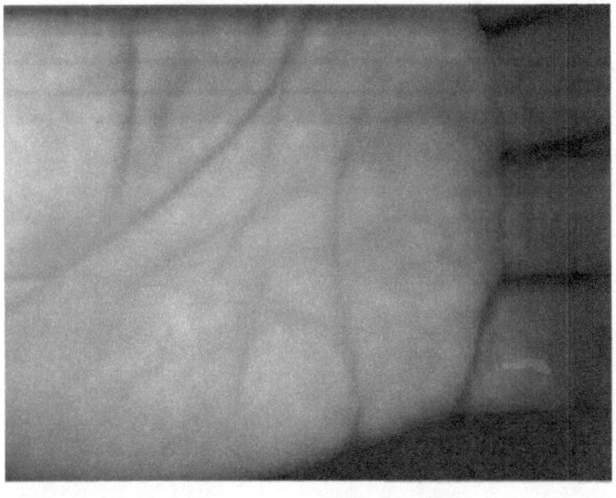

Es imposible entrar en contacto con la Divinidad sin ser trasformado.

A más intensidad, mayor transformación.

A más frecuencia, mayor transformación.

A más **entrega,** mayor trasformación.

A más concentración, mayor transformación.

A más sinceridad, mayor concentración.

Por la práctica de la bendición, tú, tu entorno y el mundo entero serán bellamente transformados.

En ***Bendiciones para Todos***, lo que se llama la transformación es un cambio <u>físico palpable</u> y visible que ocurre en el rostro y en las manos, interesándonos particularmente estas últimas.

Durante la aplicación, en el momento previo a desatar el caudal, observamos nuestras manos, sentimos y vemos el cambio que ocurre; son transformadas en Manos Divinas. La piel cambia, el sistema circulatorio cambia, su acción cambia.

Comunión en la bendición

Dios no es distinto de su bendita energía; estar en contacto con su energía es estarlo con Él mismo. Al pasar por nosotros, es de hecho parte de nosotros, de la misma forma que ocurre con el aire y la comida. Mientras eso ocurre hay unidad, hay comunión. La comunión tiene sus grados.

Hombre de bendición

La bendición no conoce condiciones ni peros; no discrimina, no selecciona, no calcula, no dosifica, no condiciona, no es para luego, no juzga, no mide, no limita. Exactamente así es el *hombre de bendición.*

Bendigan a quienes los maldicen, oren por quienes los insultan.

Lucas 6:28a

Quien desee hacerse un *hombre de bendición* debe estudiar este libro con esmero y, sobre todo, bendecir sin cesar; deberá además, **desechar para siempre** la maldición, el renegar de la luz y la blasfemia.

Bendigan a quienes los persigan: bendigan y no maldigan.

Romanos 12:14

Se habituará a trabajar en lo ilimitado, pues al sumergirse en esta actividad, los límites físicos y mentales se perciben como artificiales e irreales, porque, en efecto lo son.

La sensación de libertad nos deja perplejos. En Dios reside la Verdadera Libertad.

Si el practicante así lo desea, con suficiente perseverancia tenaz e ininterrumpida, no habrá secreto que las entrañas de la tierra, la profundidad el mar o la inmensidad del cielo puedan ocultarle. Pues su capacidad de **conocimiento para el bien** tampoco tendrá límites.

El ***hombre de bendición*** se trasciende a sí mismo. Conceptos y creencias sencillamente quedan de lado, se desvanecen, son irrelevantes en este camino. La diferencia entre posible e imposible se diluye en la bendición.

Prejuicios y expectativas resultan sencillamente irrelevantes, y no tienen efecto alguno en modificar o tan siquiera disminuir el flujo de bendiciones, de la misma manera en que algunos huevos pretendan oponerse a una gigantesca roca descendiendo por una ladera. Es la **entrega**.

Durante la ejecución práctica de la bendición, el autoconocimiento es intenso. Siendo testigo de primer orden de lo que Dios es capaz de realizar, la trasformación se vuelve profunda, hermosa, e inefable a veces.

Cualquier parte del Ego que pretenda oponerse o resistirse, solo encontrará su disolución. Si cualquier característica egoísta, egocéntrica o ególatra, aparece durante el proceso, siéntete feliz, ***hombre de bendición***, pues ha emergido para ser redimida y sublimada. También quiere ser bendecida, déjala sumergirse en el caudal, tráela hacia él por el poder de la atención incluyente.

Esta actividad es un hito en tu Plan Divino y en tu evolución, sea cual sea la línea de la que vengas o la que escojas seguir de ahora en adelante.

El ***hombre de bendición***, nunca maldice, jamás blasfema, nunca se jacta, no se pavonea, ni insufla su orgullo. Aun bendiciendo en público o a multitudes no se exhibe, no protagoniza, no acapara la atención, no resalta, no se vende. No desperdicia oportunidad de bendecir a los cuatro vientos, no retiene su don *jamás*.

Mucho de vivencia

Reconocer las bendiciones que nos rodean

Reconocer las bendiciones que hemos recibido y seguimos recibiendo es, ya de hecho, una forma de bendecir, es una actividad dentro de la bendición, la cual refuerza la técnica explicada más adelante. Al **reconocer y agradecer** la presencia de Dios en el mundo, tanto propio como ajeno, es acercarse a **Él**. Y cuanto más cerca estemos, mayor el *nivel de intensidad*.

Las bendiciones pueden manifestarse de infinitas formas: pueden ser puntuales, temporales, para toda la vida, para muchas generaciones, etc., personales, de pareja, familiar, grupal, nacional o abarcar a toda la humanidad. Puede ser privada, hermética o pública, según el caso y la Sabiduría Divina que todo lo rige.

Esto puede realizarse de varias maneras, todas ellas muy sencillas de llevar a cabo, y fácilmente se adquiere está sana y espiritual costumbre.

Existen muchas oraciones en las cuales se reconoce la bendición; por ejemplo para toda la humanidad:

Dios te salve María, llena eres de gracia; el Señor es contigo, bendita tú eres entre todas las mujeres, y bendito es el fruto de tu vientre, Jesús. Santa María, Madre de Dios, ruega por nosotros pecadores, ahora y en la hora de nuestra muerte. Amén.

Ave María

Tenemos expresiones que surgen espontáneamente motivadas por un éxito o logro, por salvarse de un peligro, al recibir un beneficio inesperado, al conocer una buena noticia:

"Gloria a Dios"

"Gracias a Dios, gracias Padre"
"Con el favor de Dios"
"Con la venia divina"

En el Islam, usan la formula *"Subhan al-lah"* (سبحان الله)*:* Glorificado sea Dios, con similar significado, reconociendo su perfección y grandeza en cada aspecto de la vida.

Ya sea expresándolo verbalmente o en pensamiento, el punto crucial es reconocer y agradecer las bendiciones de **todo tamaño**, no solo las llamativas y notorias, las espectaculares, las que están a la vista de todos o peor aún, solo las que cubren nuestras expectativas.

Las virtudes presentes en personas, animales, plantas, objetos, y demás elementos de la creación, son a su vez bendiciones. Las plantas medicinales son, por ejemplo una bendición invaluable para la humanidad, otorgadas por la generosidad divina para nuestra salud y bienestar.

Una persona amable, sincera, útil, compasiva, sonriente, entre otras cualidades, es portadora de pequeñas bendiciones con las características de dichas virtudes. Reconociendo estos atributos, no solo contribuimos a reforzarlos en dichas personas, sino que nos hace acercarnos de manera muy sencilla y natural hacia Dios, quien es la fuente de toda bondad y perfección.

"Que niña tan educada"
  "Es usted muy amable"
  "Su sonrisa alegra la tarde"
  "Llegaste en el momento adecuado"
  "Tu participación fue valiosa"
  "Siempre te quedan tan bien las galletas"
  "Que bien te ves"

Los ejemplos anteriores, presentados en forma de piropos, basten para entender el punto: **reconocer y agradecer** las bendiciones que se manifiestan en nosotros, en otros, en circunstancias, en todo lo que nos rodea. Estos piropos tienen un insospechado poder benéfico, sabiendo que tales virtudes proceden del otorgador de toda Virtud: **Dios Todopoderoso.**

Cuando reconocemos estas pequeñas bendiciones que abundan por doquier en cada rincón de la existencia, estamos reconociendo la presencia activa de Dios en el mundo.

Cuando reconocemos las bendiciones externas a nosotros, aquellas internas de idéntica naturaleza en nuestro ser, son inmediatamente incrementadas.

En algunas ocasiones, las bendiciones se presentan disfrazadas u ocultas, y solo se revelan al final. Por esta razón es que hay que evitar siempre el prejuzgar sin saber lo que el Ser Supremo tiene destinado.

El descubrir la bendición oculta en personas, situaciones, cosas y circunstancias, es un gran ejercicio espiritual de profundo valor, que no debe ser desdeñado.

Resumiendo, tú práctica espiritual como *hombre de bendición* se fundamentará en:

a) **Reconocer y agradecer** las bendiciones que ha tenido la humanidad en su conjunto.

b) Apreciar las bendiciones, que han sido otorgadas a tu país, tu ciudad, tu entorno inmediato, tu familia, tu profesión, tus grupos sociales, y a ti mismo.

c) Identificar y valorar las bendiciones que ocurren a diario en tu entorno y en el mundo.

d) Descubrir y resaltar las virtudes de cosas, animales, plantas, personas. Descúbrelas y resáltalas en forma de piropo.

e) Percibir las bendiciones ocultas, en el momento en que surgen.

Esto es solo para *calentar motores*. Cuando hayas adquirido está sencilla costumbre, te verás rodeado de bendiciones por doquier. ¡Entre más bendiciones veas, más bendiciones seguirán apareciendo!, tal es **La Ley**.

Cuando alcancé cierta regularidad en esta práctica, aumentó el número de personas desconocidas que me bendecían en la calle, ya fuera con o sin excusa palpable. Con algunos simplemente me cruzaba, otros iban caminando detrás de mí, y algunos incluso me buscaban directamente, también hubo casos en que me persiguieran cruzando calles y esquivando personas, hasta poder bendecirme de forma que yo pudiera escucharlos.

Como bendecir

En algunas religiones, hay bendiciones acompañadas de ritos o ceremonias. No es este el caso aquí, no porque las estemos rechazando, sino porque el ***hombre de bendición*** no las necesita.

Aarón levantó sus manos sobre los israelitas y los bendijo.

Levítico 9:22

La bendición puede darse con la palabra, ya sea hablada o escrita; una mirada, un gesto, un pensamiento, o por la acción del espíritu. También, por indistintas combinaciones de los anteriores.

En muchos pueblos la mano, como instrumento principal de la acción humana, es símbolo de fuerza y poder; por eso, imponer las manos es gesto especialmente apto para significar la transmisión de energía vital contenida en la bendición, como también es muy usado en la realización de curas mágicas. Imponer las manos es una de las formas primitivas de bendecir.

Otto Skrzyfczak
Malediction et Bénédiction

En la sección ***Reconocer las bendiciones que nos rodean*** se indicó que reconocer y agradecer las bendiciones constituye una forma implícita de incrementarlas, ya que, estamos de hecho bendiciendo.

La bendición no conoce de condiciones ni peros, no discrimina, no selecciona, no dosifica, no condiciona, no es para luego, no juzga, no mide, no limita, no segrega.

Es imposible juzgar y bendecir al mismo tiempo.

Conny Méndez

Así que esa es la primera forma. En cuanto a la segunda, es la de todos conocida: echar la bendición:

Entonces habló el Señor a Moisés, diciendo: Habla a Aarón y a sus hijos, y diles: Así bendecirán a los hijos de Israel. Les dirán "El Señor te bendiga y te guarde; el Señor haga resplandecer su rostro sobre ti, y tenga de ti misericordia; el Señor alce sobre ti su rostro, y te dé paz" Así invocarán mi nombre sobre los hijos de Israel, y yo los bendeciré.

Números 6:22-27

"Dios te bendiga, Dios me lo bendiga"
"Dios te cuide, Dios te guarde"

"Dios bendiga tu carrera, tu viaje, tu matrimonio"
"Padre Amado, bendice los niños enfermos de este hospital"

Estas son expresiones usuales, más no constituyen formulas exactas a repetir. Una bendición puede expresarse de múltiples maneras, incluso sin que haya una mención explícita al acto de bendecir, ni se use la palabra *bendición*.

El Señor te bendiga y te guarde; el Señor haga brillar su rostro sobre ti y te conceda su favor; el Señor te muestre su rostro y te dé la paz.

Números 6:24-26

"Feliz viaje"
"Que estés bien"
"Buen provecho"
"Disfrútalo"
"Dios te cuide"
"Que te vaya bonito"
Y también:
"¡Jesucristo!"
"¡Ave María purísima!"
"¡Santísimo!"
"Dios mediante"
"Gracias a Dios"

A continuación la trascripción de una canalización del 24/04/2006 6:00pm Dojo de Negro Primero, Guacara:

Frescura...

Sumergirse en el manantial de agua viva...

Sumergirse en el manantial de agua viva...

Saludos y bendiciones, todo lo que salga de ustedes de ahora en adelante, no debe ser carente de bendición, cada mirada, gesto, palabra sencilla, gestos del día a día, procuren que sea una bendición y no acepten otra cosa distinta.

"Buenos días" llenos de bendiciones, un saludo, frases de trabajo, es decir todo uso del verbo escrito y hablado debe estar colmado de bendiciones, como un manantial constante emitiendo estas bendiciones, si entregan algo, un objeto, agua; que esté colmado de bendiciones, adquieran esto como costumbre, todo lo que venga de ustedes, esté rebosado de luz, impregnado de luz, de bendiciones, el dinero que pagan, debe ser bendecido, un gesto al salir a la calle que produzca bendiciones, ilimitadas, infinitas, inagotables.

Por eso... Bendiciones...

La tercera es la **bendición-acción**:

Recordar que bendecir es incrementar, aumentar, expandir, multiplicar el bien. Reteniendo este concepto en nuestro corazón, la bendición-acción se vuelve fácilmente entendible.

Si nos prestan un envase, lo devolvemos con un caramelo dentro. Algo sucio, lo devolvemos limpio: Si nos dicen algunas palabras bonitas, ese día diremos muchas a otras personas, multiplicando así el bien.

Cuando recibimos una bendición, pedimos que esa misma sea recibida por todos aquellos a los que le sea menester.

Resumiendo tu práctica espiritual *como hombre de bendición*:

a) Reconocer y agradecer todas las bendiciones que nos rodean, como se expone en el capítulo *Reconocer las bendiciones que nos rodean*.

b) Eche la bendición, reparta bendiciones; no se necesitan aspavientos, dramatismos ni absurdos espectáculos innecesarios. Fuera del entorno inmediato, todo el trabajo puede ser hecho en silencio y armonía.

c) Bendición-acción en cada oportunidad.

d) Las anteriores son como contornos y aderezos; el plato central es la técnica utilizada en *Bendiciones para Todos:*

Primer *momentum*: Lluvia de bendiciones

a) Siente la presencia de Dios, sobre ti, alrededor de ti, y luego *en ti,* que no haya nada que no sea su presencia. Piensa y siente tu estructura de chacras principales y secundarios; simplemente debes colocar tu atención mental en ellos, sin ninguna particularidad, no hace falta enfocarse en detalles singulares, tal como se indicó en el capítulo *Chacras y canales*.

b) Inspira profundamente y mientras lo haces, pon las manos a la altura de las costillas.

c) Permite que el flujo divino, descendiendo desde más arriba de tu cabeza, se manifieste con inusitada intensidad, mientras sueltas el aire exhalando con tranquilidad.

d) Observa la *trasformación de tus manos*, que ahora *son suyas,* transformadas en manos divinas, capaces de cualquier acto de Amor sin medida. Esta trasformación es característica de esta actividad. La transformación es física y cualitativa. Cuando las manos han sido transformadas, se ha alcanzado el primer *momentum*. Evita crisparte y desecha toda tensión; esto será superado con algo de práctica y costumbre.

e) Mira o piensa en aquello(s) que deseas sea(n) bendecido(s), señalándolo con las manos. Si no está presente, actúa como si lo estuviera; la Luz Divina lo encontrará con infalible precisión.

f) **Concéntrate, entrégate.**

g) Siente la acción de la Bendición Divina como una abundante lluvia del Cielo, penetrando en tu ser y en tu estructura energética. Observa cómo llega hacia aquello bendecido y, no pudiendo detenerse, se comunica a través de él o eso a toda la Red a la que pertenece. Observa cómo cambia de dirección, tal como se indica en el capítulo *Vertical y horizontal*

h) Permanece así en ese estado, mientras el flujo divino se incrementa por momentos.

i) Puedes detenerte en el momento en que lo consideres adecuado o, mejor aún, permitir que el Divino Poder te indique el momento preciso en que debas hacerlo. Se recomienda enfáticamente optar por esta última alternativa. Dejando que la guía divina sea quien determine el cierre de esa bendición.

Segundo *momentum*: Manantial de bendiciones

a) Repite como en el anterior.

b) Inspira profundamente y mientras lo haces, pon las manos a la altura de las costillas.

c) d) e) Repite los anteriores.

f) **Concéntrate, entrégate.**

g) Siente la acción de la Bendición Divina como miles de torrentes indetenibles descendiendo del Cielo. Observa cómo llega a lo que está siendo bendecido y, no pudiendo detenerse, se comunica a través de él o eso a toda la Red a la que pertenece. Observa cómo su flujo cambia de dirección, tal y como se indica en el capítulo *Vertical y horizontal*.

h) Permanece así, mientras el flujo divino se incrementa por momentos. Alcanzando el máximo posible para ti en este momento evolutivo, pero no pudiendo detenerse, el flujo se desborda sobre ti como una inmensa cascada, fluyendo de manera sobreabundante hacia lo bendecido, como si de un rio se tratara, e incluso por doquier, como cuando se desborda un río incontenible, alcanzando todos los rincones. Estamos en el segundo **momentum.**

i) Puedes detenerte en el momento en que quieras, permitiendo que la práctica fluya según tu voluntad, o dejar que el Divino Poder te indique cuando es apropiado concluir. Se recomienda enfáticamente esta última alternativa, depositando completa fe en la Guía Divina.

Tercer *momentum*: Sinergia Dupla

a)

b) Inspira profundamente y mientras lo haces, pon las manos a la altura de las costillas.

c) d) e) Has todos los indicados.

f) **Concéntrate, entrégate.**

g) Siente la acción de la bendición del Padre, como miles de torrentes indetenibles descendiendo del Cielo. Simultáneamente, siente la acción de la bendición de la Madre (Tierra), ascendiendo por tu columna y encontrándose ambas en armonía perfecta. Observa cómo estos caudales, ahora sinérgicos cambian de dirección, según se indica en el capítulo *Vertical y horizontal*. Observa cómo llega a lo bendecido, y como, no pudiendo detenerse se comunican a través de él o eso a toda la Red a la que pertenece, expandiéndose sin límites.

h) Permanece así, mientras el flujo divino de ambos torrentes, el celestial y el terrenal, ahora vueltos uno, se incrementa por momentos en sinergia dupla. La unión de estas energías, trabajando en indescriptible armonía, alcanza un punto de máxima intensidad y equilibrio. La bendición se manifiesta en su forma más pura y expansiva, transformándolo todo a su paso. Estamos en el tercer *momentum*.

i) Puedes detenerte en el momento en que quieras, o dejar que el Divino Poder te indique que debas hacerlo. Se recomienda enfáticamente esta última alternativa.

Cuarto *momentum*: Bendita Bendición

En este momentum, además de haber alcanzado los anteriores, se recibe la sublime facultad de convertir a otros en *hombres de bendición*, acortando en años e incluso reencarnaciones enteras su evolución. Esta capacidad también puede extenderse a entes naturales u objetos inanimados transformándolos en fuentes perpetuas de bendición. Cada uno de ellos, las transmitirá según su naturaleza individual.

Repite estás acciones con constancia, hasta el final de tus días, y después también.

Bendición mutua

Aquí, el principio de que bendecir es ser bendecido se cumple bidireccionalmente en dupla. Es la sagrada práctica del ir y venir, del dar y recibir, es la entrega profunda a la **Divina Voluntad**.

Tal y como lo indica su nombre, consiste en bendecirse mutuamente entre practicantes de esta actividad, un numero prefijado de veces, ya sea en presencia o en ausencia. Se recomienda realizarlo 100 veces en cada ciclo. Lo ideal es que sea en **simultáneo**, ya que el fuego espiritual multiplica el fuego.

Bendición grupal

Consiste en que varios practicantes se agrupan para bendecir lo mismo, acuerdan un propósito común. Los beneficios de esta práctica son evidentes, en todo caso nada supera la vivencia directa y personal, de eso trata este sistema: la vivencia personal de las Cosas de Dios.

Bendición calificada

Esta modalidad se centra en calificar la bendición, en un área particular, por ejemplo:

"Bendigo tus estudios"
     "Bendigo mi salud radiante"
     "Padre Creador, bendice mi práctica espiritual"

Historia

Las bases que conforman este sistema, fueron apareciendo y consolidándose en la diversidad de estudios, experiencias y revelaciones espirituales experimentados a lo largo del tiempo, hasta el momento presente.

Como la mayoría del resto de libros, jamás me los figuré, como tampoco me visualice el ser autor en firme, y menos Concrecionador. Certifico qué, toda parte de nuestra historia forma parte del **Plan Divino**, y el que lo reconozcamos o no, no altera este hecho fundamental. El Plan Divino para cada uno, está entretejido en un Plan Mayor y este en otro aun mayor, hasta abarcar la totalidad del universo.

De todas las bendiciones, quizá la insuperable y sublime es la inesperada.

En cierta ocasión, al salir de casa, encontré en el suelo un pequeño pájaro azul. Estaba vivo pero en mala condición, la zona era habitualmente frecuentada por gatos.

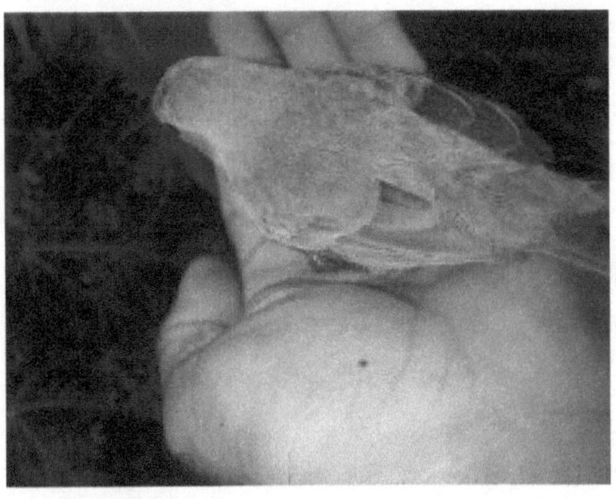

Conmovido por aquella diminuta criatura, la recogí para hacerle sanación. Mientras el pequeño animal me veía con miedo, pero incapaz de huir, en ese mismo instante sentí una energía distinta a todo lo conocido por mí, y me invadió el impulso de que debía *bendecirlo*. Así lo hice. Mis manos se llenaron de una sensación completamente diferente a las sentidas hasta ese momento, y no eran pocas. Me di cuenta que era una nueva frecuencia a la que había accedido y un nuevo sistema era precipitado hacia la humanidad, en un derrame de su Divina Gracia. El miedo en aquellos ojos diminutos se esfumó, y en apenas instantes el pájaro no solo se recuperó, sino que pudo volar con una energía y velocidad inusuales.

Al ver mis manos, fui testigo de *la trasformación*. Tuve la oportunidad de sacar las fotografías que comparto en este texto. Luego seguí mi camino, tal y como lo había empezado, el cambio se había iniciado, una nueva ruta hacia lo eterno se abría ante mis pies humanos.

Esta historia, aun siendo breve, contiene la esencia de *Bendiciones para Todos*:

a) **Lo inesperado**, encontrar un animalito indefenso ante el peligro, no es algo que estuviera esperando.

b) El impulso sincero de hacer algo por él, seguido por **acciones concretas**. Es decir la **compasión** o el amor desinteresado.

c) **Conexión** libre con los planos de Luz.

d) Entrega total a la **Guía Divina**.

e) Observación **imparcial**.

f) Aceptación del propio **Plan Divino**.

g) Todo lo que proviene de Dios es **normal,** en sus parámetros, no de los humanos.

h) **No** hay dramatismos, insuflaciones ni egolatría.

i) El servicio **es** una bendición por sí mismo.

J) La **Gloria de Dios** es cosa **tangible, cotidiana y real**, si así lo quieres.

h) **Siempre hay más**, pues Dios es infinito, y sus cosas también lo son.

Preguntas

P: Si bendecir es aumentar y multiplicar, al bendecir algo "malo", ¿no lo estamos incrementando?

R: En nuestra práctica de esta actividad eso **no** ocurre. Al bendecir el mal, este disminuye y se debilita; también aflora el bien que permanecía oculto. ***Bendiciones para Todos***, La palabra *todos,* se explica por sí misma.

No hay mal que por bien no venga.

Refrán popular

P: Mis creencias limitantes y conceptos previos, ¿tienen algún efecto en mermar el flujo de bendiciones?

R: No es exactamente el caso. Los factores involucrados se explican en la sección ***niveles de intensidad***. Esas creencias y conceptos presentarán la misma oposición que un ejército de figuras de mantequilla, ante al abrazador sol del mediodía en verano. Pues serán bendecidas en el transcurso, siendo transformadas en lo que Dios tenga previsto para tu Plan Divino. Ten la absoluta certeza que, la **entrega** hará su trabajo.

La única limitación viene dada por tu Libre Albedrio.

P: Sin duda, hay seres malvados, ¿pueden ellos usar la bendición?

R: ¡Por supuesto que sí! en primer lugar, recibiéndola, ya que la bendición siempre se recibe primero. Y también dándola, pues no es un asunto humano; es Dios quien bendice, es **Él** quien dice quién puede ser su instrumento, y esto debe ser recordado **¡mil veces al día!** Nuestro criterio es irrelevante ante el divino.

He sido todas las cosas impías, y si Dios puede actuar a través de mí, puede actuar a través de cualquiera.

San Francisco de Asís

P: ¿Quién puede dar la bendición?

R: Todos. *Bendiciones para Todos.* Esto es válido tanto para darla como para recibirla, ya que darla es siempre recibirla primero.

La bendición puede darla quien Dios disponga y no quien el ser humano juzgue si puede o no. Esto está más allá de toda discusión posible. Lo que Dios quiera hacer, lo llevará a cabo con infalible certeza. Se trata aquí de la **Divina Voluntad,** no de la humana, la cual es su reflejo ensombrecido y mutilado, hasta que finalmente se fusionen.

P: Si alguien está ausente, ¿cómo se hace?

R: La distancia entre nosotros y lo que se bendice no importa; no es un asunto de medidas o de limitaciones humanas. Es también irrelevante si la criatura o creación está detrás de una pared, encerrado en un sitio, bajo tierra, en un lugar desconocido, volando dentro de un avión o en otro plano de existencia.

En cuanto al aspecto técnico, basta con pensar en la criatura o creación en cuestión, o señalar de manera genérica en la dirección que consideres es la correcta. Si lo bendecido está en otra dirección diferente, es completamente irrelevante. Es comparable a mandar a alguien a hacer una diligencia, mientras señalamos la puerta: el que el sitio este en una dirección completamente diferente, no tiene importancia alguna.

P: ¿Cómo circula o se mueve la energía de la bendición?

R: La bendición lo hace por medio de la Red. Es algo complejo cuyo conocimiento o desconocimiento no afecta la actividad. Sin embargo, a veces, a fin de que profundicemos en el Conocimiento Divino, se nos revelará parte de la ruta seguida, que no tiene que ser la misma, para la misma criatura o creación, en cada bendición, esto suele estar acompañado del conocimiento de porqué se sigue dicha *ruta de influencia*.

P: Pero, ¿habría alguna oración o invocación previa al uso de la técnica?

R: Mientras trasciendes la necesidad de hacer eso, y vas adquiriendo las características de un ***hombre de bendición***, puedes recurrir a alguna de estas:

"Señor soy tuyo completamente tuyo"
  "Quédate conmigo Señor"
  "Dios amado, derrama tus bendiciones"

En un cierto momento de tu relación con Dios, las palabras dejarán de ser necesarias.

P: Si la persona está bajo la influencia de algo maligno o diabólico, ¿Se produce una lucha entre ambas fuerzas?

R: No es el caso. Ya sea de manera directa o a través de un intermediario de intensidad notable -una persona o una creación bendita a su vez-, en cuanto que dados por **Él**, son incombatibles, su decreto **no** puede ser evadido, rechazado, neutralizado ni disminuido por entidad maligna alguna u hombres de mala voluntad. Solo el **libre albedrio** del bendecido y de la correspondiente cadena inciden en el flujo.

No es flujo Etérico, ni Astral, ni Mental, ni de los planos iniciales del espíritu, sino del Gran Espíritu Divino.

> *Lo que Él quiere, se realiza de inmediato; si quiere salvar, nadie se lo impide.*

Eclesiastés 39:18

Acerca del Autor

Domingo A. Montes G. es natural del Tigre Edo. Anzoátegui, Venezuela, nació sietemesino e iniciando los 70s; el esoterismo sin ISBN y el Bhaktivedanta Raja Yoga, constituyeron junto con "Condorito" y "Mortadelo y Filemón" entre otros, sus lecturas asiduas apenas estuvo en capacidad de leer de corrido. De la mano de Stephen King y James Clavell adquirió la costumbre de leer tamañas obras de corrido.

Desde temprana edad se sintió atraído por las grandes culturas, sus misterios y sus aspectos espirituales y esotéricos, así como por los avances tecnológicos y científicos, los hechos extraños, la vida extraterrestre y las maravillas de la naturaleza.

Gracias al excelente Karma de practicar el Buddha Dharma, bajo las líneas Zen Soto y Vajrayana Karma Kayu, junto al criterio inclusivo de la espiritualidad criolla, sistemas variopintos han fructificado, para el bienestar de todos los seres.

Defensor declarado de la Sabiduría Criolla, la autodeterminación de los grupos humanos, y los siete cueros, expone sin egoísmos ni pretensiones, lo que el Cosmos ha puesto a su alcance.

Habiendo ya investigado, ya practicado, ya conocido diversos y contrastantes caminos espirituales, entre ellos: Catolicismo, espiritismo y sincretismo, Magia Blanca, Magia natural, Gnosis en tres sectas, Elan Vital de Gurú Maharaji, Disciplina Mental/Ocular de E. Clarck, Metafísica, Cienciología, Programación Neurolingüística, Sukyo Mahikari, testigos de Jehová, Sistema Vietnamita de Yoga/Sanación, Seichem Reiki, CHIOS HEALING, Sanación Pránica, Artes Marciales, Shiatsu, Yoga del estado del Sueño, entre otros, construcción antisísmica artesanal, Seichem Reiki Master, ética aplicada.

Ingeniero en Información – UNITEC.

TSU en Ciencias Gerenciales, Mcn. Ps. y Ms. – UNITEC.

Técnico autodidacta en electrónica.

Técnico en Electricidad y Electrodomésticos, Modern Schools.

Técnico de 1ra en Rescate C.L.O.E., botón y diploma de honor al mérito en Vargas.

Construcción antisísmica artesanal hasta dos pisos. SENA Colombia.

Talleres de escritura y narrativa.

Cursos de psicopatía criminal.

Cursos de ética aplicada y ética animal.

Fundador de la Escuela de Energía Superior SHIn Tao (SHIn Tao SEICHEM REIKI).

Fundador de la Biblioteca de Temáticas Espirituales *Retazos en Lontananza*, actualmente en formato virtual.

Organizador e impulsor de la "Red de Luz", actualmente "Lista De Sanación".

Fundador del Sistema "Cristales Etéricos de Venezuela."

Fundador del Sistema de Sanación Pirámide Dorada.

Concrecionador del sistema de Sanación con Péndulo Consagrado: "Nuestro Método".

Fabricante artesanal de Péndulos Consagrados.

Creador del Péndulo de Compresión Astral.

Canalizador de las técnicas "Amorosa Secuencia" de la Madre María, "Libertad en movimiento", y "Bendiciones para Todos".

Canalizador de la "Meditación en los atributos divinos" del Sr. Krishna.

Concrecionador del sistema: "Superposición éterica arcangélica".

Concrecionador del sistema "El Abrazo Divino".

Concrecionador del sistema "7 Capas".

Concrecionador de "Quántica Intensa".

Autor de Varios Libros, manuales y artículos sobre sanación, espiritualidad y Zen.

Ponente del ciclo de charlas "Apuntes de Sanación Espiritual".

Iniciado metafísicamente en la orden de ASCLEPIO. (1992)

Bendición astral directa de Elegua (1995).

Iniciado en Budismo Tibetano Vajrayana bajo el nombre Felicidad Incambiable (1999).

Gran Invocación a la Noche Cósmica (2000).

Bendición astral directa de Babalu Aye como sanador (2003).

Entrenado como Canalizador, particularmente Arcangélico desde 2005.

Bautizado astralmente por el Venerable José Gregorio Hernández, como Sanador (2007).

Bendición del Santo Espíritu como Sanador (2009).

Fundador y/o Padrino (Aquel que asigna el nombre) de los Grupos de Sanación:

"Jesús de Nazaret"

"Amado Arcángel Cassiel"

"Sanadores Emergentes"

"Amadísimo Arcángel Jophiel"

"Vibra Creciente"

"Gloria Tangible"

"A los pies del Gurú".

Próximamente...

El amor que vino de la quinta dimensión.
Pininos del estado del sueño.
Aproximación a la concentración.
El Shiatsu que yo aprendí.
El toque criollo.
Conversaciones con los seres vegetales.
Historia escrita.
Los 4 jinetes de la sanación.

Información de contacto

Books2read:
https://books2read.com/ap/nl0B6b/
Domingo-A-Montes-G
Correo:
domingo.alberto.montes@gmail.com
Facebook:
https://www.facebook.com/
profile.php?id=1081942890
Twitter:
http://twitter.com/EigyoMontes
Instagram:
https://www.instagram.com/eigyo.montes/

Don't miss out!

Visit the website below and you can sign up to receive emails whenever Domingo A. Montes G. publishes a new book. There's no charge and no obligation.

https://books2read.com/r/B-A-AXBOB-FGELD

BOOKS 2 READ

Connecting independent readers to independent writers.

Did you love *Bendiciones Para Todos*? Then you should read *101 Preguntas, mitos y errores En la sanación espiritual*[1] by Domingo A. Montes G.!

[2]

Al principio este texto era de Seichem Reiki, pero inevitablemente se generalizó a medida que fue compilado. Retrospectivamente, fue el primer documento que me planteé existiera como un libro, y no como guía u otros pequeños textos, impresos y armados por mí mismo para los estudiantes de sanación, junto con el jamás iniciado ni concluido 'enésimo peldaño', que terminó disgregado en varios otros. Y es que el descubrirme escritor fue de medio sopetón, lo acepto.Las respuestas no son necesariamente las exactas que di en

---

1. https://books2read.com/u/4jGpPY

2. https://books2read.com/u/4jGpPY

su momento, más bien sus interrogantes sirvieron de modelo para aquellos que pudieran hacerse las mismas o similares incógnitas. En algunas ocasiones, se agruparon varias preguntas, que quedaban respondidas por igual. Así mismo en la recta final de elaboración se colocaron en secuencia las que se referían a temas símiles, quedando constituidos en los capítulos respectivos.Debes saber lector, u oyente si lo usas de audiolibro, que lo que buscas está más allá de lo que puede escribirse, pues lo sobrepasa abundantemente. Al enfocarme en el texto el número 101 llegaba a mi mente con cierta regularidad, enfocándome en él, de allá arriba me indicaron: 'Ese debe ser el nombre del libro, y también el número de preguntas', y así fue, definitivamente.El aparecer como autor, es algo circunstancial, pues el conocimiento y en particular el conocimiento espiritual, no tiene dueño. Engreído sería considerar estas mis palabras."Olvidado de la ley y del juicio ajustadome dejo llevar a lo alto y hablocon una boca que ya no es la mía"SénecaEstoy seguro le serán útiles los lustros aquí condensados.

Also by Domingo A. Montes G.

Clásicos del Reiki Japonés
Usui Reiki Hikkei, Guía de Reiki de Usui Sensei

Miyamoto Musashi, Obras
Go Rin no Sho - El Libro de los Cinco Anillos

SHInTao Seichem Reiki - El estilo del Dragón de Fuego
SHInTao Seichem Reiki Shoden - Guia del Nivel Uno. El Sendero
del Dragón de Fuego.

Standalone
El Amado Arcángel Cassiel, Señor del rayo Oro/Violeta
El Néctar de las Divinas Enseñanzas
Sanación Espiritual con Péndulo Consagrado "Nuestro Método", la
forma de péndulo más evolucionada
El sentido De La Vida - En castellano

El Abrazo Divino, el Tetra Yoga de Jesús el Cristo
Siete Capas
101 Preguntas, mitos y errores En la sanación espiritual
Bendiciones Para Todos
Makiwara no Sho
Cronotopía
El OjO Silente
La orquídea tóxica
Autoconocimiento Mántrico